Orig

Bywyd Beiddgar Orig Williams

Geiriau gan Ioan Morris
Lluniau gan Josh Hicks

Roedd Orig bach wrth ei fodd yn ymladd.

Cafodd ei fagu yn Ysbyty Ifan, pentref ar gyrion mynyddoedd Eryri.

Orig

Argraffiad cyntaf: 2022
© testun Ioan Morris, 2022
© lluniau Josh Hicks, 2022

Mae hawlfraint ar gynnwys y llyfr hwn ac mae'n anghyfreithlon i lungopïo neu atgynhyrchu unrhyw ran ohono trwy unrhyw ddull ac at unrhyw bwrpas (ar wahân i adolygu) heb gytundeb ysgrifenedig y cyhoeddwr ymlaen llaw.

Cynhyrchwyd y gyfrol hon gyda chymorth ariannol Cyngor Llyfrau Cymru.

Rhif llyfr rhyngwladol:
978-1-914303-19-7

Cyhoeddwyd yng Nghymru gan Lyfrau Broga, Yr Eglwys Newydd

www.broga.cymru

Ers talwm, roedd y lle wedi bod yn guddfan i ladron, ac roedd pawb yn edmygu dynion caled a chryf yr ardal.

Un dydd, byddai Orig hefyd yn arwr.

Yn fachgen, roedd Orig yn mwynhau darllen straeon anturus am arwyr a dihirod. Ond chwaraeon oedd ei hoff beth ac roedd yn dda iawn yn chwarae pêl-droed.

Pan oedd ychydig yn hŷn, dechreuodd focsio hefyd.

Ymunodd Orig â'r Awyrlu Brenhinol ar ôl gadael yr ysgol. Doedd Orig ddim yn hapus iawn yno, ond roedd yn gallu cadw'n heini a gwneud cymaint o chwaraeon ag y dymunai.

Yna, dyma rywun yn ei weld yn chwarae pêl-droed, a gofyn iddo fod yn bêl-droediwr proffesiynol.

Chwaraeodd Orig i dimoedd yn cynnwys Oldham Athletic a Shrewsbury Town.

Roedd yn hoffi chwarae'n galed, ac yn aml byddai'n ymladd ar y cae. Arweiniodd hyn at lawer o gardiau coch ac anafiadau.

Wedi un anaf cas iawn, roedd yn rhaid i Orig roi'r gorau i'w yrfa pêl-droed, ac aeth i reoli am ychydig.

Daeth i weld bod reslo yn dod yn fwy ac yn fwy poblogaidd, a sylweddolodd y gallai ddefnyddio ei sgiliau ymladd er mwyn gwneud bywoliaeth – fel reslwr!

Cymerodd ei fywyd drywydd newydd.

Aeth Orig ati i ddysgu sut i ymladd yn broffesiynol – gyda symudiadau fel *Suplex*, *Power Slam* a *Drop-kick*.

Byddai'n ymladd ar ei ben ei hun, ac fel *tag-team* gyda reslwyr eraill.

Cyn bo hir, Orig oedd un o reslwyr mwyaf poblogaidd Prydain, ac roedd yn ymladd mewn neuaddau a ffeiriau ar hyd a lled y wlad.

Roedd yn berfformiwr naturiol, gyda hyder a sgìl, ac yn reslwr o reddf.

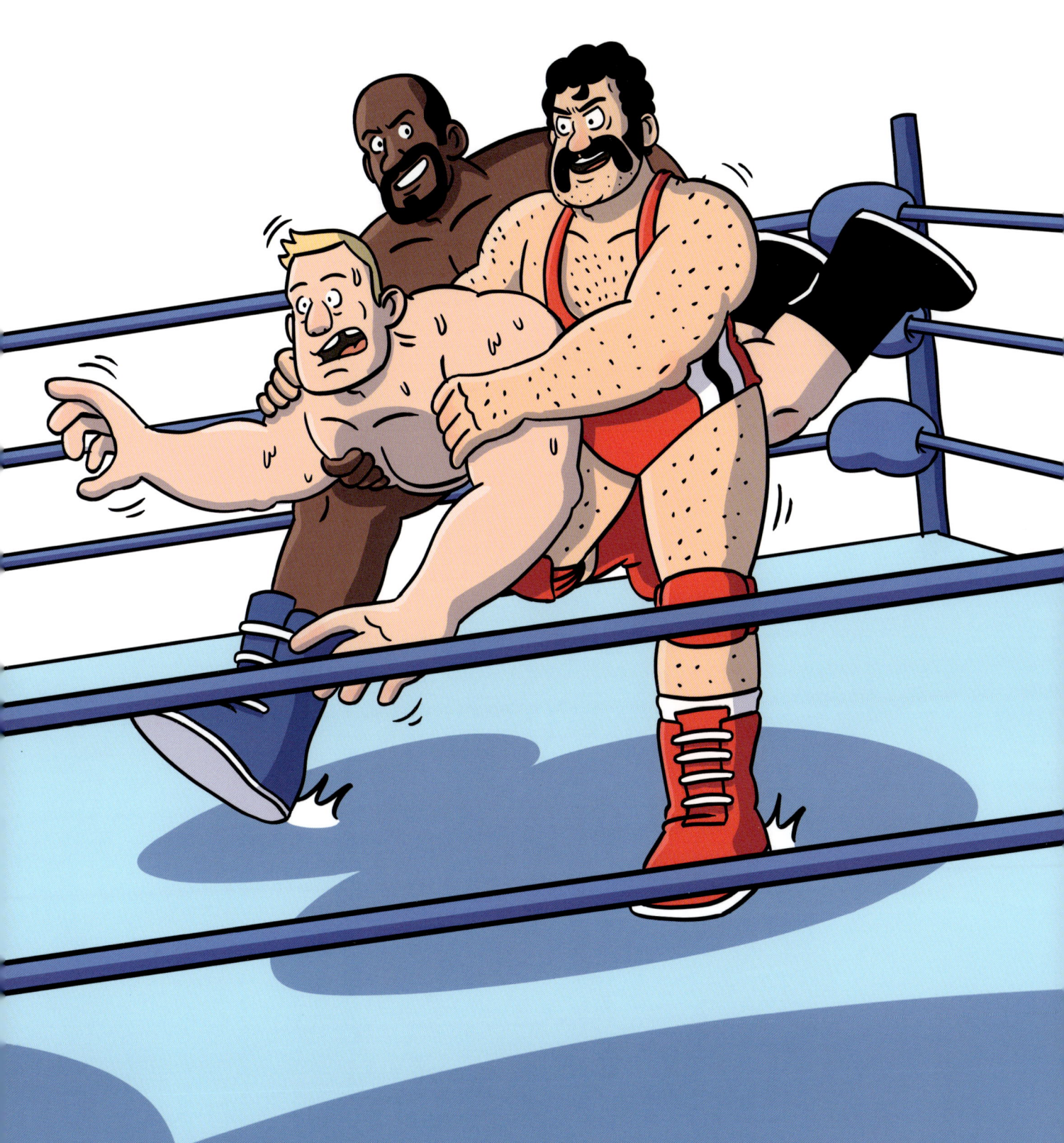

Teithiodd Orig i India a Phacistan gan ymladd o flaen torfeydd enfawr.

Roedd Orig yn gwybod bod straeon da angen arwr ... a hefyd gelyn cas! Y Brodyr Bholu enwog oedd y bois da ac Orig oedd y dihiryn drwg.

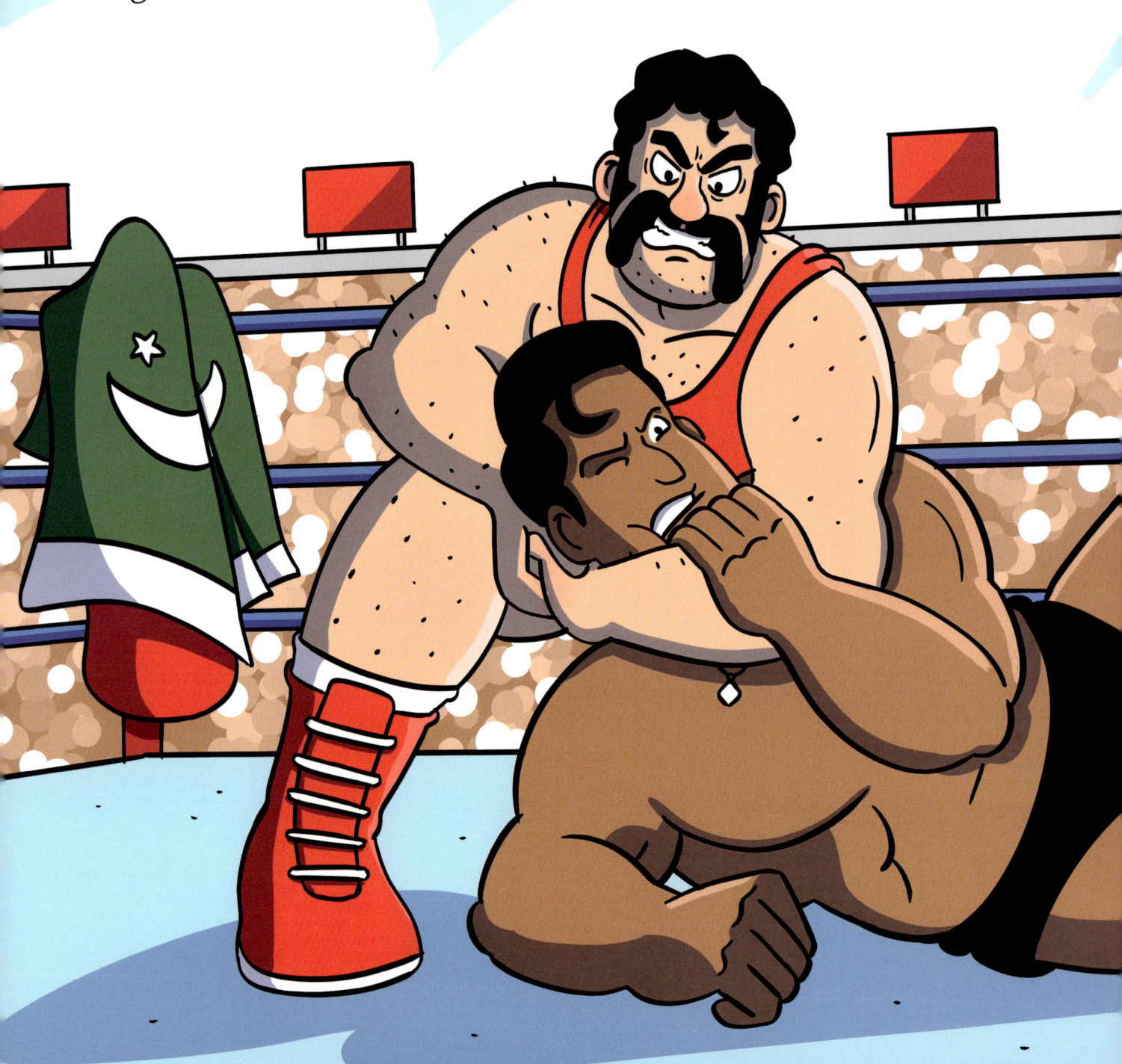

Chwaraeodd Orig ran y dihiryn i dorfeydd ar draws y byd, a reslodd o dan yr enw El Bandito gan fod ei fwstás mawr yn gwneud iddo edrych fel bandit peryglus.

Ond 'nôl adref, byddai torfeydd yn bloeddio canu wrth ei groesawu i'r cylch reslo. Orig oedd yr arwr bob tro yng Nghymru.

Dechreuodd Orig drefnu ei sioeau reslo ei hun, gan hyfforddi reslwyr Cymreig lleol i gynrychioli Cymru mewn twrnameintiau byd-eang.

Roedd rhai o'r reslwyr ifanc yn swil i ddechrau, ond dysgodd Orig nhw i gael ffydd ynddyn nhw eu hunain a'u gwlad.

Gweithiodd Orig o flaen a thu ôl y camerâu ar y rhaglen deledu Cymraeg, *Reslo*.

Roedd hi'n gyfres unigryw a phoblogaidd, gyda brwydro cawell, reslo merched a sêr byd-enwog yn ymddangos.

Yn ystod ei yrfa reslo hir, fe wynebodd Orig bob math o elynion: o Fit Finlay a Lord Bertie Topham i Crusher Mason a Giant Haystacks.

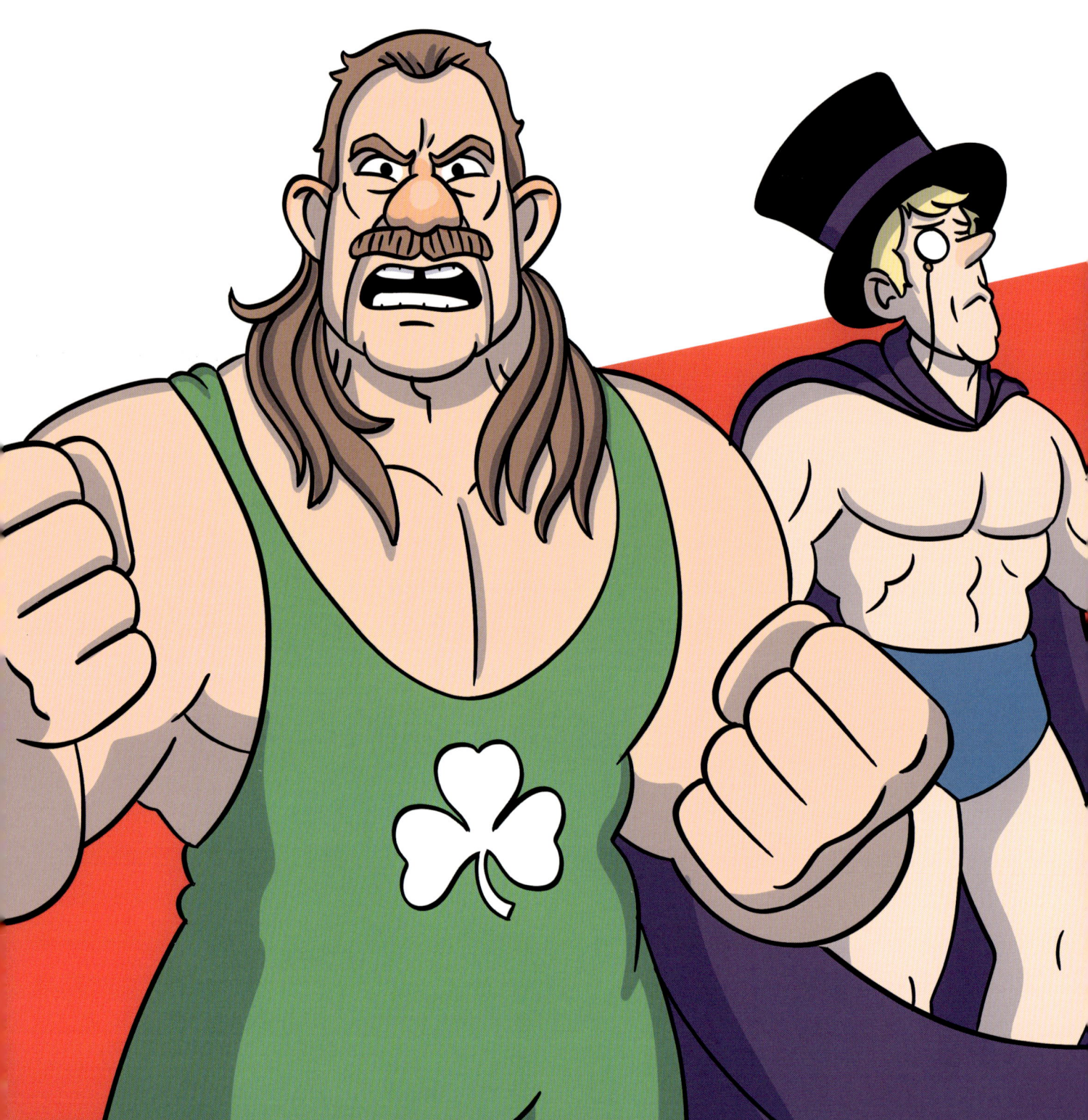

Byddai pob un reslwr yn gwybod ei fod wedi bod mewn brwydr galed pan wynebai Orig Williams.

Er yr holl anturiaethau cyffrous, yr hyn yr oedd Orig fwyaf balch ohono oedd cael bod yn ŵr i Wendy a thad i Tara.

Nhw oedd ei *tag-team* go iawn.

Cofiwn am Orig Williams fel y dyn cryf oedd yn caru ei deulu, ei wlad a'i iaith. Brwydrodd yr un mor galed drostyn nhw ag y gwnaeth yn y cylch reslo.

Hefyd yng nghyfres

Enwogion o Fri

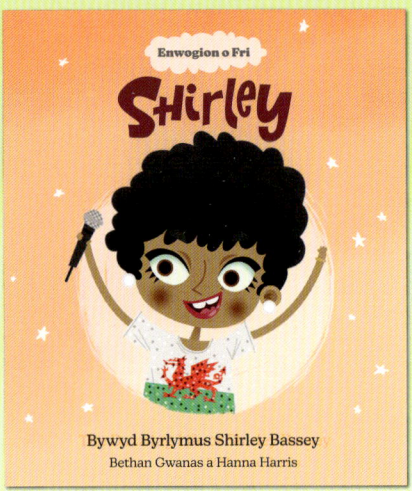

Shirley Bassey
Hanes y ferch o Tiger Bay a ddaeth yn seren bop fyd-enwog.

Cranogwen
Merch wnaeth herio'r drefn, o hwylio llongau i farddoni, mewn oes lle nad oedd cyfleoedd cyfartal i ferched.

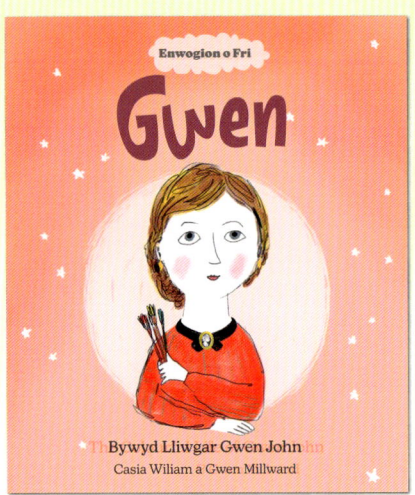

Gwen John
Stori'r ferch dawel a ddilynodd ei breuddwyd a dod yn un o artistiaid gorau Cymru.

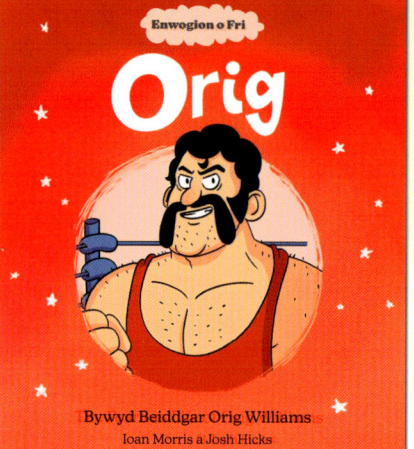

Orig Williams
Y reslwr cryf oedd yn enwog ar draws y byd fel 'El Bandito'.

Allan yn fuan ...

Aneurin Bevan
Y gwleidydd poblogaidd wnaeth ymladd dros degwch a sefydlu'r Gwasanaeth Iechyd Gwladol.

Ann Griffiths
Y bardd dawnus a ysgrifennodd ganeuon wnaeth ysbrydoli'r genedl.

Laura Ashley
Dylunydd ffasiwn wnaeth sefydlu busnes byd-eang o'i chartref yng nghanolbarth Cymru.

Alfred Russel Wallace
Y gwyddonydd anturus wnaeth deithio'r byd gan wneud darganfyddiadau hynod.

Darganfyddwch fwy am fywydau ysbrydoledig pobl o Gymru, o artistiaid i wyddonwyr, i bobl wnaeth herio'r drefn a goresgyn pob math o rwystrau i gyflawni eu breuddwydion.